MANUAL DE AJUDA
PARA PAIS DE CRIANÇAS COM
PARALISIA CEREBRAL

Silvio Camargo

MANUAL DE AJUDA PARA PAIS DE CRIANÇAS COM PARALISIA CEREBRAL

com a colaboração de Berenice Souza

EDITORA PENSAMENTO
São Paulo

Copyright © 1995 Silvio Camargo.

Edição	Ano
-2-3-4-5-6-7-8-9	-97-98-99

Direitos reservados
EDITORA PENSAMENTO LTDA.
Rua Dr. Mário Vicente, 374 — 04270-000 — São Paulo, SP
Fone: 272-1399

Impresso em nossas oficinas gráficas.

Sumário

Introdução	7
Prefácio, *por Marta Gil*.....................	11
Apresentação, *por Berenice Souza*............	15

PRIMEIRA PARTE

Nota inicial................................	19
1 – Cuidar de uma criança normal já é difícil......	21
2 – Não se sinta a última das criaturas; sentimentos de culpa ou infelicidade são inevitáveis.......	23
3 – Excepcional ou não, uma criança é sempre uma criança	25
4 – Não há nada de terrível em ter de cuidar de uma criança excepcional; só há quando pensamentos negativos são alimentados	27
5 – Os pais devem usar o senso crítico ao escolher os profissionais	28
6 – Informar-se é muito importante, mas com quem sabe...............................	29
7 – Ciência e amor	31
8 – Reabilitação: um trabalho difícil	32
9 – Uma breve definição de paralisia cerebral	33

10 – Na paralisia cerebral, o cérebro não está
"paralítico"............................... 34
11 – Dificuldades das crianças com paralisia
cerebral 36
12 – Causas da paralisia cerebral................ 37
13 – A importância do diagnóstico precoce 39
14 – Quadros mais comuns em paralisia cerebral... 40
15 – O problema das convulsões 42
16 – Alguns esclarecimentos sobre as convulsões .. 43
17 – O que deve ser feito em caso de convulsão ... 44
18 – O tratamento deve acompanhar o
desenvolvimento da criança 45
19 – É preciso grande dedicação 47
20 – Recursos utilizados no tratamento........... 48
21 – A equipe de reabilitação.................... 49

SEGUNDA PARTE
A fisioterapia em paralisia cerebral............... 53
    Algumas orientações gerais em fisioterapia..... 56
Psicologia em paralisia cerebral.................. 59
    Algumas orientações gerais em psicologia...... 62
Fonoaudiologia em paralisia cerebral.............. 67
    Algumas orientações gerais em fonoaudiologia.. 69
Terapia ocupacional na paralisia cerebral 71
    Algumas orientações gerais em terapia
    ocupacional............................... 73

Conclusão.................................... 75

Introdução

Este texto foi escrito a partir de um trabalho desenvolvido com crianças com Paralisia Cerebral, tendo como eixo de conduta o afeto.

Item que deveria ser condição prioritária em qualquer trabalho terapêutico, a preocupação com a estabilidade emocional dos pequenos pacientes é, seguidamente, negligenciada. Depois de ver, repetidamente, cenas em hospitais e clínicas com crianças gritando, chorando ou se batendo, por puro medo e insegurança, tomei a iniciativa de realizar um trabalho clínico que, sem esquecer os aspectos técnicos, fosse baseado no afeto e na aceitação incondicionais. Os resultados foram muito bons e, assim, resolvi elaborar um pequeno texto contendo os pontos básicos desenvolvidos nesse trabalho.

É um texto dirigido principalmente aos pais, para que eles saibam que crianças com problemas mesmo graves podem ser felizes e que, se elas ficam gritando e esperneando (quando podem) ao serem atendidas nas sessões de reabilitação ou consultas, quase sempre isso vem de uma insegurança gerada pelos próprios pais ou pelos profissionais que estão atendendo essas crianças.

A maioria das pessoas considera isso normal. É comum, mas normal não é, e pode ser diferente. Tendo oportunidade, a criança irá, com certeza, dar o melhor de si, a não ser que o seu caso seja de uma gravidade extrema. Toda e qualquer criança, normal ou não, quer, antes de mais nada, afeto, compreensão, respeito e proteção. Sentindo-se aceita, toda criança desenvolve ao máximo suas potencialidades.

Tudo o que fazemos como seres humanos é a partir de imagens internalizadas daqueles que nos criaram, educaram e participaram de uma maneira próxima de nossa vida quando éramos pequenos: pais, irmãos, parentes, amigos e professores. Quando a criança encontra seguidamente, como resposta ao seu desempenho, atitudes de crítica ou indiferença, fica sem referenciais internos de aprovação e, assim, não se sente estimulada a progredir.

Ao encontrar referenciais de afeto, aceitação e aprovação, torna-se feliz e, freqüentemente, desenvolve-se de maneira surpreendente.

É o caso da pequena Emília. Hoje com treze anos, quando bebê tinha um prognóstico não muito animador; os médicos achavam que ela talvez nem viesse a andar. Com um trabalho competente, relativamente

simples do ponto de vista técnico, mas com muita ênfase no amor e aceitação, seu desenvolvimento e alegria de viver surpreendem todos aqueles que com ela entram em contato.
A ela este livro é dedicado.

Silvio Camargo

Prefácio

por Marta Gil*

Em nossa sociedade, repetidas vezes a Deficiência é tratada como aquela poeira empurrada para debaixo do tapete: é algo que incomoda, comove, desconcerta ou até mesmo irrita — daí querermos escamoteá-la, escondê-la, não pensar nela. Se possível, nem mesmo vê-la.

Felizmente, esta concepção não é generalizada, e encontramos pessoas, como Silvio Camargo, que sabem "inverter o sinal" e nos convidam a ver e a conviver com esta questão numa oitava acima, acolhendo de modo respeitoso e amoroso a dor e os limites dela decorrentes.

---

* *Marta Gil*, *doutora em sociologia, é coordenadora e criadora do Reintegra — Rede de Informações Integradas sobre Deficiências da USP, que reúne informações sobre tudo o que existe sobre deficiências no Brasil ou no exterior. É também diretora de pesquisas da FEBIEX — Federação Brasileira das Instituições de Excepcionais, de Integração Social e de Defesa da Cidadania.*

Para atingir este ponto de inversão, é preciso encarar de frente o centro da questão: Por que a pessoa com deficiência desperta em nós esses sentimentos, uma vez que todos os temos, em maior ou menor grau, com maior ou menor consciência deles?

Uma resposta possível parece estar no fato de que, inconscientemente, consideramos o deficiente como o Outro, o Diferente, o Assimétrico, o não-eu. Desde tempos imemoriais, o Outro representa perigo, ameaça à frágil ordem do mundo. E essa ordem, tão delicada, parecia assentar-se na simetria que a espelhava. Assim, a pintura corporal, a cestaria, a tapeçaria, a disposição das cabanas, os próprios mitos tinham estruturas simétricas — a geografia do céu correspondia à geografia da terra. A assimetria simbolizava o desequilíbrio, a desordem, o caos.

Ora, o deficiente é a própria encarnação da assimetria, seja qual for sua deficiência. Daí sua figura despertar sentimentos que não controlamos, dos quais nos envergonhamos e com os quais não sabemos lidar. Pode ser que aí resida uma das raízes do preconceito que ele vem enfrentando ao longo da história da humanidade, seja no sentido de sua desvalorização ou no da supervalorização[*].

---

[*] *Conceitos desenvolvidos pela Prof.ª Dr.ª Lígia Assumpção Amaral, do Instituto de Psicologia da Universidade de São Paulo, em seus livros.*

Este livro nos propõe o desafio de encarar as crianças portadoras de deficiência, em especial paralisia cerebral, primeiramente como crianças, com todo direito à felicidade. Se tivermos "olhos de ver e ouvidos de ouvir", aprenderemos uma lição preciosa, que talvez somente elas nos possam ensinar: descobrir a harmonia neste padrão que a vida, em sua multiplicidade de formas, nos apresenta.

Apresentação

por Berenice Souza*

Exercemos a nossa cidadania, na maior parte das vezes, de forma natural. Sem perceber, somos cidadãos quando tomamos um transporte coletivo, matriculamos nossos filhos em uma escola pública, seguimos as leis de trânsito, ou exigimos os nossos direitos. Isso é viver em sociedade. Isso nos integra a ela. Tudo parece simples, vivemos num mundo adaptado a nós e nos adaptamos a ele.

Quando o cidadão em questão é uma criança com alguma deficiência, esse exercício muda muito de figura. Havendo deficiência mental, esta pessoa-criança nem sequer tem noção de seus direitos, restando-lhe

---

* **Berenice Souza** *é socióloga, formada pela USP, co-fundadora e presidente da APABB — Associação de Pais e Amigos de Pessoas Portadoras de Deficiências dos Funcionários do Banco do Brasil; diretora de convênios da FEBIEX — Federação Brasileira das Instituições de Excepcionais, de Integração Social e de Defesa da Cidadania.*

apenas uma sensação de frustração resultante de uma noção (menos ou mais consciente), mesmo nos casos mais graves, de ser diferente, de não poder fazer o que os outros fazem.

É aí que entram os pais, os amigos, os familiares. Para, por ela, exigir os seus direitos. Para atender às suas especiais necessidades. Para lutar por ela.

Com o intuito de facilitar essa luta estão sempre surgindo novas associações de ajuda a deficientes. Surgem porque são úteis, salutares, e pelo fato de ser prazeroso delas participar. São o centro de troca de experiências e de informações entre iguais. É lá que alguns assuntos, para essa criança importantes (que dificilmente um pai "normal" entenderia), podem ser discutidos abertamente, com sinceridade e transparência.

Cabe aos pais incentivar o convívio da criança portadora de Paralisia Cerebral, ou outra deficiência. Devem incentivá-lo para evitar acrescentar aos já inúmeros problemas que ela tem, mais um, grave, o isolamento. Dessa forma, para essa criança, abrem-se novos horizontes, e ela torna-se mais alegre, mais saudável, e sente-se mais realizada.

A criança com Paralisia Cerebral também faz parte da sociedade; cabe a esta ter a dignidade de aceitá-la, de adaptar-se a ela, de entender esse ser "diferente". Com leveza, sem pena de si mesmos, da criança, ou dos outros, aos pais cabe a tarefa de resgatar essa dignidade para si e para seus filhos.

PRIMEIRA PARTE

Ao beijo, em lindo príncipe se transforma...

Nota Inicial

A maioria das pessoas guarda noções vagas, quando não erradas, do que seja um trabalho de Reabilitação na Paralisia Cerebral.

Isso é percebido facilmente por meio da prática diária no trato com os pequenos pacientes, e pelas perguntas feitas aos profissionais dessa área.

O atendimento às crianças com Paralisia Cerebral é complexo e demorado.

Mesmo profissionais de áreas da saúde, menos intimamente ligados à Reabilitação, freqüentemente guardam noções pouco claras de como é o trabalho desenvolvido especificamente nestes casos, de sua importância e utilidade.

Fisioterapia, Psicologia, Fonoaudiologia e Terapia Ocupacional: são essas as quatro especialidades que comumente compõem uma equipe de Reabilitação em Paralisia Cerebral.

Alguma confusão sobre o papel que o profissional de cada uma delas exerce na Reabilitação da criança tende a existir, devido ao fato de seus trabalhos sobreporem-se e completarem-se.

Evitando um excesso de detalhes que talvez viesse a prejudicar um bom entendimento a pessoas pouco familiarizadas com Reabilitação, tentamos ao longo do texto esclarecer sobre como é o trabalho desenvolvido por cada um dos profissionais dessas quatro especialidades.

Nas orientações e esclarecimentos aos pais, tentou-se evitar um aprofundamento desnecessário ou exagerado para uma abordagem deste tipo.

A intenção primeira é fornecer, como um início, uma idéia aproximada e de utilidade prática imediata com relação aos diversos aspectos aos quais devemos estar atentos no trato com as crianças que têm Paralisia Cerebral.

O texto é propositalmente conciso, porém contém grande quantidade de informações, já que foi feito cuidadoso trabalho de levantamento e condensamento de informações essenciais, de maneira a informar sem tornar-se pesado ou cansativo para o leitor.

Nas páginas que se seguem, o leitor atento, com certeza, se verá frente a frente com muitas questões que, servindo como um guia, poderão ser depois mais bem esclarecidas junto a profissionais especializados em Reabilitação, beneficiando assim a criança.

1 — CUIDAR DE UMA CRIANÇA NORMAL JÁ É DIFÍCIL...

Na fase de gestação, é projetada na criança que vai nascer, pelos pais, avós, parentes e pessoas próximas, uma série de desejos e de expectativas, alguns conscientes, outros inconscientes.

A maioria dessas expectativas não pode concretizar-se com uma criança que nasce ou que logo depois do nascimento torna-se portadora de Paralisia Cerebral.

Há, na maioria das vezes, um forte choque emocional, um misto de mágoa, raiva, ressentimento, culpa e vergonha, às vezes com trocas de acusações entre os pais ou familiares próximos.

Ter que cuidar de uma criança com Paralisia Cerebral é origem de muitos problemas para os pais que, como todos os outros, estavam se preparando na expectativa e ansiosos pela chegada de uma criança normal.

Assim sendo, ter em casa uma criança excepcional do ponto de vista físico ou intelectual naturalmente gera muitos transtornos pela necessidade de adaptação a um fato indesejado, sendo sempre necessário um intenso trabalho nesse sentido.

É importante que os pais, antes de mais nada, se conscientizem de que rejeitar ou tentar ignorar a excepcionalidade de uma criança apenas aumentará o problema.

2 — NÃO SE SINTA A ÚLTIMA DAS CRIATURAS; SENTIMENTOS DE CULPA OU INFELICIDADE SÃO INEVITÁVEIS

Ao ver-se às voltas com uma criança nessas condições, invariavelmente os pais sentem-se sozinhos, angustiados e sem saber o que fazer.

Comumente sentem-se culpados pela excepcionalidade da criança, ou mesmo culpados por não se conformarem com o fato.

Nestes casos, as informações obtidas da experiência familiar quase não servem para nada, uma vez que o problema que eles enfrentam está fora do conhecido e do habitual.

É conveniente, logo de início, evitar perda de tempo, não hesitar e buscar orientação competente e ponderada; assim serão evitados, com certeza, desgastes e sofrimentos desnecessários.

Também o contato com pessoas que passam ou passaram por situações semelhantes em geral traz uma percepção mais clara e adequada do problema.

Não se isole. Através de conversas em grupo e da orientação profissional competente haverá uma diminuição das sensações de culpa, infelicidade e isolamento.

Ao trocar idéias e experiências os pais podem desabafar, compreender e informar-se sobre o muito que pode ser feito nessas situações.

3 — EXCEPCIONAL OU NÃO, UMA CRIANÇA É SEMPRE UMA CRIANÇA

Freqüentemente, os pais cuidam de um filho com Paralisia Cerebral sem que ocorra real aceitação desse fato.

O engano de si mesmo é prejudicial para si próprio, e péssimo para a criança, pois a faz sentir-se insegura.

É melhor reconhecer se há rejeição dentro de si e, caso haja, lidar honestamente com ela.

Mascará-la só gera angústia e confusão, em si mesmo e na criança, tornando-a carente, desmotivada e irritadiça.

Não existe nada horrível e monstruoso por trás do que representa uma criança excepcional, ali há apenas uma criança que precisa de ajuda, com certeza mais do que as outras.

Conveniente, também, é lembrar que não se deve tentar esconder dos outros (nem mesmo de si próprio, como chega a acontecer), a excepcionalidade de um filho.

Uma atitude assim acaba por prejudicá-lo ainda mais.

O contato e o convívio com pais que vivem ou que viveram problemas semelhantes deve ser buscado.
A troca de experiências esclarece e conforta.

4 — NÃO HÁ NADA DE TERRÍVEL EM TER DE CUIDAR DE UMA CRIANÇA EXCEPCIONAL; SÓ HÁ QUANDO PENSAMENTOS NEGATIVOS SÃO ALIMENTADOS

Diante da constatação dos problemas da criança, deve-se iniciar o tratamento o quanto antes, para que sejam aproveitadas ao máximo as fases de crescimento. No tratamento da criança com Paralisia Cerebral, luta-se contra o tempo, porque, quanto maior ela for, antes desse início, mais fases provavelmente terão sido queimadas, e mais difícil será conseguir-se bons resultados.

Sentimentos negativos ou confusos devem ser evitados.

Uma maneira negativa e pessimista de encarar o problema dificulta tudo e pode ser até pior do que o problema em si.

Pais que adiam o tratamento inadiável de seu filho devido a problemas pessoais (psicológicos ou não), e que prolongam e cultivam sentimentos de angústia, de rejeição ou culpa (quase sempre infundados), de maneira intensa, estarão, a cada dia que passa, causando danos freqüentemente irreversíveis à sua criança.

5 — OS PAIS DEVEM USAR O SENSO CRÍTICO AO ESCOLHER OS PROFISSIONAIS

Os pais são os principais responsáveis pelo desenvolvimento dos filhos.

São os pais os verdadeiros condutores do desenvolvimento da criança; são eles que ficam o tempo todo com ela, em geral a mãe, e sua influência é decisiva.

Instituições e terapeutas, por mais que se esforcem, apenas contribuem com o seu conhecimento técnico e com sua experiência para o desenvolvimento da criança.

Os profissionais são o "instrumento" terapêutico, mas cabe aos pais a responsabilidade maior do dia-a-dia. Eles não devem abrir mão dessa responsabilidade, e do seu senso crítico ao escolhê-los.

6 — INFORMAR-SE É MUITO IMPORTANTE, MAS COM QUEM SABE

É fundamental que os pais informem-se e aprendam ao máximo a respeito dos problemas de sua criança, para poderem ajudá-la.

Os profissionais, tanto em atendimentos gratuitos, como pagos, seguem um ideal sob juramento feito no momento de sua formatura.

Freqüentemente, os pais sentem-se constrangidos por solicitar mais informações, ou por contradizer o que um terapeuta está afirmando, e que eles sentem como errado ou inadequado à sua realidade.

Os terapeutas estão aí para informar, ensinar, escutar e discutir o mais detalhadamente possível o caso de cada criança, do contrário não estarão desempenhando corretamente o seu papel.

Os pais nunca devem sentir-se constrangidos por fazer perguntas — é um direito seu.

Os pais, muitas vezes, sentem-se inibidos para solicitar esclarecimentos mais precisos de um profissional, mas, na verdade, a maioria dos especialistas gosta e acha importante fornecer o máximo de informações e de orientações. Lembre-se disso, e pergunte, informe-se, aprenda tudo o que puder sobre os problemas de seu filho.

7 — CIÊNCIA E AMOR

A criança com Paralisia Cerebral é um ser humano que, apesar de freqüentemente não aparentar (principalmente em casos mais graves, quando a criança fica quase imóvel), como todos nós tem os mesmos sentimentos e necessidades de afeto, de atenção e de respeito.
Uma visão meramente mecânica e clínica com relação ao seu tratamento não é a melhor conduta.
Os aspectos físicos, sociais e psicológicos devem ser considerados sempre simultaneamente, e nenhum deles é mais importante do que os outros.
Amor, carinho e respeito vêm em primeiro lugar.
Ler e pesquisar ao máximo; informar-se sobre novas técnicas e procedimentos; realizar exames; dar remédios; realizar terapias. Tudo isso é muito importante, mas não é tudo.
O desenvolvimento da criança será mínimo caso ela não sinta amor, carinho e respeito à sua pessoa.
A ciência só tem valor quando colocada a serviço do ser humano. Para isso ela foi criada.

8 — REABILITAÇÃO: UM TRABALHO DIFÍCIL

Há pais que pensam poder deixar tudo nas mãos dos terapeutas, mas não pode ser assim. Mesmo os melhores profissionais não poderão fazer muito se os pais pouco se dedicarem a proporcionar equilíbrio emocional a seu filho.

Com uma base emocional satisfatória, os terapeutas poderão conseguir um melhor desempenho da criança.

É importante a compreensão e proximidade com a equipe de Reabilitação, porque o processo de recuperação nunca é fácil, mesmo naqueles casos considerados mais simples.

Sempre é delicado e difícil o trabalho de Reabilitação em Paralisia Cerebral, e toda a colaboração de ambos os lados é pouca.

9 — UMA BREVE DEFINIÇÃO DE PARALISIA CEREBRAL

O cérebro comanda os movimentos realizados pelo nosso corpo.

Para isso, existem áreas especializadas nele localizadas.

Falar que uma criança tem Paralisia Cerebral significa dizer que ela tem uma dificuldade (pode ser grande ou pequena) em movimentar-se, devido a uma, ou mais, lesões em áreas do cérebro responsáveis pelos movimentos do corpo.

A lesão que caracteriza a Paralisia Cerebral ocorre quando o cérebro não está ainda completamente formado.

Depois de sua ocorrência, o cérebro não terá mais o seu desenvolvimento completado de maneira normal.

10 — NA PARALISIA CEREBRAL, O CÉREBRO NÃO ESTÁ "PARALÍTICO"

Fonte de alguma confusão, o termo "Paralisia Cerebral" não quer dizer que o cérebro esteja "parado".

Na verdade, devido à lesão sofrida em alguns de seus centros, o cérebro não consegue comandar corretamente os movimentos do corpo.

Não mandando ordens adequadas para os músculos, que são os responsáveis pela nossa movimentação, esta acaba se realizando de maneira imperfeita, ou mesmo não se realizando.

Resumindo:

PARALISIA . . . . CEREBRAL
⬇ ⬇
DEFICIÊNCIA MOTORA . . . DEVIDA A LESÃO(ÕES) NO CÉREBRO

A característica principal da criança assim atingida é apresentar dificuldades típicas desses casos quanto ao seu desempenho ao tentar movimentar-se. Haverá dificuldades (maiores ou menores) para andar, usar as mãos, equilibrar-se, e talvez mesmo para falar ou olhar.

11 — DIFICULDADES DAS CRIANÇAS COM PARALISIA CEREBRAL

Além das dificuldades para movimentar o corpo, essas crianças podem apresentar deficiências sensoriais e intelectuais.

Perceber as formas e textura dos objetos com as mãos pode ser difícil, assim como poderá haver deficiências de visão e de audição.

Noções de localização no espaço, de direita, esquerda, distância, etc., poderão ser prejudicadas.

Dependendo das áreas lesadas do cérebro, as dificuldades das crianças poderão ser as mais variadas.

Sérias dificuldades intelectuais com uma movimentação normal ou próxima disso poderá ocorrer.

O contrário também acontece, quando uma criança apresenta restrições (menos ou mais sérias) na sua movimentação, com uma inteligência normal ou mesmo acima da média.

12 — CAUSAS DA PARALISIA CEREBRAL

Dentre as causas ou origens mais freqüentes que determinam lesões no tecido do cérebro, encontram-se as infecções e os traumatismos, que podem acontecer antes, durante ou logo após o nascimento.

a) *Causas pré-natais da Paralisia Cerebral.*

Infecções adquiridas pela mãe durante a gravidez, tais como rubéola, toxoplasmose, sífilis, etc., estão entre as causas pré-natais mais freqüentes.

Incompatibilidade sanguínea ocasionada pelo fator Rh do sangue ou outros fatores; raios X, efeitos colaterais de medicamentos ingeridos durante a gravidez também podem ser causadores de Paralisia Cerebral.

b) *Causas perinatais da Paralisia Cerebral.*

No momento do nascimento podem ocorrer também problemas com conseqüências prejudiciais para o bebê.

Oxigenação insuficiente do cérebro (anoxia), apresentação irregular da criança, manobras de parto malsucedidas, uso inadequado do fórceps podem lesionar a criança.

Complicações cesarianas, partos prolongados demais, prematuridade, parto de gêmeos eventualmente também poderão causar lesão no tecido cerebral.

c) *Causas pós-natais da Paralisia Cerebral.*

Causas pós-natais são as que ocorrem logo em seguida ao nascimento.

Dentre as principais estão os acidentes vasculares, traumatismos crânio-encefálicos, infecções adquiridas pelo recém-nascido e outras.

13 — A IMPORTÂNCIA DO DIAGNÓSTICO PRECOCE

Há muitos problemas neuromotores que não são causados por Paralisia Cerebral, devendo ter, então, tratamento diferente.

Por isso é importante um diagnóstico médico bem preciso e feito com cuidado.

O trabalho de Reabilitação, em caso de ser necessário, deve ser iniciado o quanto antes, para que sejam aproveitadas adequadamente as etapas de crescimento.

Os efeitos favoráveis do trabalho terapêutico serão sentidos imediatamente.

14 — QUADROS MAIS COMUNS EM PARALISIA CEREBRAL

Dentre os quadros mais comuns apresentados por essas crianças estão o **espástico**, o **atetóide** e o **atáxico**.

Pode haver deficiência mental em qualquer um destes quadros, sendo que isso é mais freqüente nas crianças que apresentam espasticidade e menos freqüente nos atetóides e atáxicos.

Espasticidade

É o quadro mais freqüente.

Na criança espástica, há hipertonia nos músculos, ou seja, eles apresentam-se sempre tensos.

A espasticidade aumenta quando a criança tenta executar movimentos, o que faz com que estes sejam bruscos, lentos e anárquicos.

Os movimentos são excessivos, devido ao reflexo de estiramento estar exagerado.

Atetose

Estranhos movimentos das mãos, braços, rosto, etc. (involuntários, de pequena amplitude) aparecem quando a criança atetóide tenta executar uma ação. Os movimentos atetóides não acontecem quando não há tentativa de movimento.

O tônus muscular (estado básico de tensão dos músculos) dessas crianças é instável e flutuante.

Ataxia

Falta de equilíbrio e de coordenação motora são as características de criança atáxica.

Este quadro manifesta-se menos freqüentemente, e tende a melhorar.

15 — O PROBLEMA DAS CONVULSÕES

É comum as crianças com Paralisia Cerebral apresentarem convulsões, mas isso não acontece com todas. Convulsões acontecem como conseqüência de alterações no ritmo dos impulsos nervosos do cérebro. Tensão nervosa, sustos e excesso de estímulos podem facilitar a sua ocorrência em crianças com Paralisia Cerebral.

Caso não sejam tratadas, as convulsões têm uma tendência a aumentarem.

Isso pode ir prejudicando cada vez mais o desenvolvimento da criança.

As convulsões influem de maneira psicologicamente negativa, pois deixam a criança insegura e muitas vezes também envergonhada.

16 — ALGUNS ESCLARECIMENTOS SOBRE AS CONVULSÕES

Aqui vão algumas dicas para ajudar na identificação de uma convulsão, se isso acontecer.

Em geral, as convulsões caracterizam-se por:

a) Desmaio, acompanhado ou não por rigidez muscular generalizada.

b) Pode ocorrer movimentação brusca e incoordenada de braços, pernas e musculatura do rosto.

c) Dificuldades para inspirar, provocadas pela contração muscular generalizada, podem levar os cantos da boca e a boca em si a ficarem roxos. Esse tempo é curto e não oferece perigo à criança.

d) Por vezes, a criança parece desligar-se temporariamente do que acontece à sua volta.

17 — O QUE DEVE SER FEITO EM CASO DE CONVULSÃO

Se o seu filho tiver uma convulsão, procure manter a calma e tomar as seguintes providências:

a) Deixe a criança movimentar-se livremente, no caso de se debater, e longe de objetos que a possam machucar.

b) Verifique se não há nenhum objeto impedindo a respiração pelo nariz e pela boca. Em caso de haver, faça o possível para o remover com cuidado. Atenção: a criança nunca se asfixia com a própria língua, não tente "desenrolá-la".

c) Deite a criança, de preferência, no chão.

d) É sempre conveniente, a cada crise que eventualmente aconteça, buscar aconselhamento médico.

18 — O TRATAMENTO DEVE ACOMPANHAR O DESENVOLVIMENTO DA CRIANÇA

O desenvolvimento dos seres vivos dá-se por fases.

Uma criança normal senta-se mais ou menos aos seis meses; anda em torno de um ano de idade e assim por diante.

Se a criança não tiver em seu ambiente boas condições, seu desenvolvimento físico e mental poderá ser prejudicado.

Se as diversas fases como engatinhar, andar, correr, saltar, montar e desmontar cubos, quebra-cabeças, etc., não forem acompanhadas do ambiente e dos estímulos favoráveis, seu desenvolvimento deverá ser menor do que o seu potencial máximo permitiria.

O mesmo acontece na criança com Paralisia Cerebral.

Se não for tratada logo, suas fases motora, intelectual e psíquica serão estimuladas depois do momento ideal para isso e, inevitavelmente, se desenvolverá abaixo de suas possibilidades.

Contraturas e deformidades também atingirão a criança com maior intensidade e freqüência caso ela não seja estimulada pelos terapeutas nos momentos apropriados e num ritmo constante.

O amadurecimento do sistema nervoso acontece, principalmente, antes dos 7 anos de idade, sendo que os 3 primeiros anos são os mais importantes.

Depois que o sistema nervoso tiver passado pelas idades/fases de desenvolvimento, o efeito do trabalho será bem menor; por isso, deve-se começar a Reabilitação o mais cedo possível, e é conveniente que seja feita sem interrupção.

19 — É PRECISO GRANDE DEDICAÇÃO

Bem mais do que crianças normais, as crianças com Paralisia Cerebral consomem tempo e atenção. Precisam de alguém constantemente junto a elas.

Os custos de tratamento em geral são altos, pelo fato de nele estarem envolvidos muitos profissionais especializados e de haver ainda constantemente gastos com exames, transporte, etc.

Felizmente, existem muitas instituições e clínicas que recebem auxílio, que possuem bom equipamento, que contam com profissionais dedicados e que, assim, conseguem ajudar os pais e as crianças.

20 — RECURSOS UTILIZADOS NO TRATAMENTO

Para a recuperação de crianças com Paralisia Cerebral em geral utiliza-se o tratamento medicamentoso, quando necessário, acompanhado de um intenso trabalho de Reabilitação através de sessões de Fisioterapia, Psicologia, Fonoaudiologia e Terapia Ocupacional.

Mais recentemente, gradualmente, outros recursos têm vindo incorporar-se ao tratamento: Hidroterapia, Homeopatia, Acupuntura...

Há pais que se valem de tratamentos caseiros, de "passes" em centros espíritas, de parapsicologia, de terapias alternativas, etc., procedimentos que, com certeza, têm sua validade e seu lugar; porém, não nos cabe aqui discutir o mérito dessas questões.

21 — A EQUIPE DE REABILITAÇÃO

As crianças com Paralisia Cerebral devem ser tratadas por uma equipe de Reabilitação que irá procurar, por meio da aplicação de técnicas específicas, desenvolver ao máximo suas potencialidades em todos os aspectos.

Normalmente, utiliza-se *Fisioterapia, Psicologia, Fonoaudiologia* e *Terapia Ocupacional*.

Não é possível determinar com completa exatidão onde termina uma especialidade e onde começa outra.

Cada profissional realiza uma abordagem que envolve vários aspectos do desenvolvimento da criança, de acordo com a sua formação e objetivos específicos, sendo que o trabalho realizado em uma área imediatamente repercute sobre as demais.

Outros especialistas podem compor direta ou indiretamente uma equipe de Reabilitação — médicos, enfermeiros, assistentes sociais, técnicos em órteses e próteses, dentistas, atendentes de enfermagem, etc.

— sobre os quais aqui não falaremos, por fugir à proposta deste trabalho, mas que, freqüentemente, realizam um importante trabalho no tratamento da Paralisia Cerebral.

SEGUNDA PARTE

"Quando plantamos alface e ela não cresce bem, não pomos a culpa na alface. Investigamos os motivos que a levaram a não se desenvolver. Pode ser que ela precise de mais adubo, de mais água ou de menos sol. Nunca pomos a culpa na alface... ...Se soubermos como cuidar das pessoas, elas também se desenvolverão, como a alface."*

* Thich Nhat Hanh, *Paz a cada passo,* Ed. Rocco, São Paulo, 1993.

A Fisioterapia em Paralisia Cerebral

O trabalho fisioterápico é fundamental na recuperação de crianças com Paralisia Cerebral.

O Fisioterapeuta cuidará, de uma maneira geral, de desenvolver na criança a tonificação e o relaxamento da musculatura; as reações de equilíbrio e de proteção; a postura; o esquema corporal; a correção e a prevenção de deformidades.

Como se pode perceber, o seu trabalho se concentra em estimular e propiciar as melhores condições possíveis para favorecer o **desenvolvimento motor geral** na criança.

O Fisioterapeuta tenta corrigir movimentos errados ou inconvenientes, ao mesmo tempo ensinando os movimentos corretos.

O Fisioterapeuta realiza exercícios físicos com as crianças, cuidando sobretudo de seu desenvolvimento motor.

Trabalha a postura e a tonificação da musculatura.

Previne e procura corrigir deformidades nos ossos e nas articulações.

Para que a criança possa movimentar-se melhor e com o intuito de, se possível, possibilitar a ela correr e saltar, trabalha o seu equilíbrio e esquema corporal.

Por meio do uso de técnicas específicas para esse fim, procura melhorar a sua respiração que, freqüentemente, realiza-se com dificuldade.

Quando uma pessoa tropeça e cai, coloca automaticamente as mãos à frente, como forma de se proteger, para não bater direto com o nariz no chão.

Isso acontece, nas pessoas normais, por um mecanismo reflexo, automático, de proteção.

Nas crianças com Paralisia Cerebral, esses (e outros) reflexos estão afetados e não funcionam corretamente, prejudicando o desempenho da criança e expondo-a a acidentes.

Por isso são tratados com atenção especial pelo Fisioterapeuta.

Esse profissional também, freqüentemente, costuma utilizar como recurso a hidroterapia, que consiste em exercícios especiais na água.

Na água, devido à neutralização parcial da força de gravidade, os exercícios que contribuirão para uma melhoria no desenvolvimento motor da criança são realizados com muito mais facilidade, o que contribui para dar à criança uma sensação de realização e bem-estar, além de relaxá-la e favorecer um melhor equilíbrio psicológico.

O Fisioterapeuta também ajuda os pais alertando para a necessidade, quando preciso, de uma consulta ao ortopedista.

É capaz de fornecer orientação também quanto à conveniência ou não de cadeiras, colchões ou redes que estejam sendo usadas e dizer se estão ajudando ou prejudicando a criança.

É de grande ajuda também ao orientar e esclarecer os pais quanto a posições do corpo adotadas pela criança durante o dia e durante o sono.

A maneira mais correta de manipular a criança, ao carregar, dar banho, trocar, etc., ao ser aprendida beneficia a criança e é mais um ponto de auxílio em seu desenvolvimento.

A preocupação central do Fisioterapeuta sempre é com o desempenho motor da criança.

Ele pode ser útil também orientando os familiares para exercícios que podem ser feitos em casa.

Algumas Orientações Gerais em Fisioterapia

Nos parágrafos que seguem, estão colocadas algumas orientações importantes.

Muitas coisas mais podem ser ditas no sentido do bem-estar da criança, mas isso fugiria ao que se propõe este pequeno livro.

A intenção do autor ao colocar essas orientações é muito no sentido de dar aos pais uma noção do "tipo" de informações que cada profissional da equipe de Reabilitação, especificamente, pode fornecer.

1. Não deixe a sua criança, mesmo que suas limitações de movimento e/ou intelectuais sejam bem grandes, esquecida numa cadeira ou carrinho durante horas seguidas.

Isso, além de torná-la infeliz, permite que se desenvolvam contraturas e deformidades, além de provocar enrijecimento no corpo e ferimentos na pele nos locais de atrito com o assento, devido à longa permanência numa mesma posição.

2. Muitas crianças dormem mal, porque gastam pouca energia durante o dia, e incomodam os pais à noite.
Tente estimulá-la, distraí-la, ocupá-la.
A criança estimulada durante o dia tende a dormir bem à noite, e os pais também.

3. Para tentar romper o padrão espástico, ajuda colocarmos as crianças que apresentam muita espasticidade em rede.
A rede contribui para neutralizar a tendência que elas têm de jogarem-se para trás.
São melhores as redes rasas, que possibilitam à criança olhar à sua volta.

4. Automaticamente, comandado por mecanismos fisiológicos de auto-regulação, nosso corpo durante o sono muda de posição aproximadamente de hora em hora.
Se a criança se movimentar muito pouco será conveniente, durante a noite, sempre que possível, mudá-la de posição.

5. Embora nem sempre assim aconteça, deitar a criança de costas na cama para trocar suas roupas ou fraldas pode contribuir para enrijecê-la.

Procure trocá-la atravessada sobre os joelhos, de barriga para baixo.

Segure-a sempre com delicadeza e evite puxá-la de maneira brusca pelas extremidades dos membros superiores ou inferiores.

6. O calçado é um item importante e que não deve ser negligenciado, principalmente naquelas crianças que apresentam dificuldades de movimentação nos membros inferiores.

Psicologia em Paralisia Cerebral

O Psicólogo é um profissional que tem como preocupação central o estudo e a compreensão dos vários aspectos do comportamento.

Ele desenvolve o seu trabalho basicamente a partir da observação sistemática de "o que" a criança faz, estudando o "como", o "quando", o "onde" e o "porquê" de cada situação.

O Psicólogo concentra sua atenção basicamente no **comportamento**.

Por meio disso, procura propiciar à criança um melhor desenvolvimento psicomotor e psicopedagógico.

São também objetos de preocupação do Psicólogo o desenvolvimento da atenção, a concentração e a linguagem, assim como aspectos afetivo-emocionais.

Freqüentemente, as crianças com Paralisia Cerebral são emocionalmente instáveis, com sentimentos fortes e difíceis de controlar.

Muitas vezes, têm medo de situações novas, quando então se mostram deprimidas e chorosas.

Aparentemente por causa da lesão, essas crianças têm baixa tolerância à frustração e um período mais longo de instabilidade emocional, como o que se observa em crianças muito novas.

Isso é acentuado ainda mais pelo excesso de frustrações pelas quais passa diariamente uma criança com Paralisia Cerebral, devido às suas limitações, criando-se um quadro característico.

Permitir que ela entre de forma adequada em contato com suas limitações e as aceite, fazer com que se sinta aceita socialmente e melhorar sua auto-estima são fatores que contribuem decisivamente para o seu desenvolvimento.

Para avaliar as possibilidades da criança, o Psicólogo fará testes para medir a sua inteligência, percepção e capacidade de resposta a estímulos variados, e capacidade de aprendizado.

Estudará o seu desenvolvimento social, as suas necessidades e motivos, dados biográficos, fatores ambientais e genéticos que influenciam o seu comportamento.

Concedendo atenção especial aos diversos mecanismos afetivos que influenciam e condicionam o comportamento da criança, tentará desenvolver as suas diversas possibilidades e contribuir para o seu desenvolvimento e ajustamento social e emocional.

O Psicólogo realizará seu trabalho fornecendo orientações aos pais, basicamente quanto a aspectos afetivos e do comportamento, e utilizando com a criança técnicas específicas de seu conhecimento. Dentre as técnicas utilizadas pelos Psicólogos em crianças com Paralisia Cerebral destacam-se a **Psicopedagogia**, especialidade que envolve aspectos do aprendizado; a **Ludoterapia** que, através de brincadeiras, faz com que a criança revele e solucione problemas emocionais; a **Psicomotricidade**, particularmente importante antes dos 3 anos de idade, quando é intenso o processo de integração psíquica e motora.

Algumas Orientações Gerais em Psicologia

Nos próximos parágrafos, abordaremos alguns aspectos que, sendo levados em consideração, podem abrir caminho para uma compreensão maior, por parte dos pais, de como agir com a sua criança. Podem também esclarecer um pouco sobre qual o tipo de ajuda que pode ser solicitada ao Psicólogo.

1. Uma tendência que muitas vezes se manifesta nas mães de crianças com Paralisia Cerebral é a superproteção, pelo fato de essas crianças serem mais dependentes.

Essa atitude deve ser evitada, porque torna a mãe desgastada e ao mesmo tempo a criança ansiosa, medrosa e de difícil convívio, ou seja, "chata".

2. Por outro lado, uma criança não pode ser ignorada seguidamente, porque fará o possível para ser notada, por bem ou por mal.

A criança que não recebe atenção quando está bem-comportada, atormentará os outros para sentir-se "existindo".

3. A proximidade do pai é psicologicamente importante, mesmo que ele não participe tão ativamente quanto a mãe na educação e tratamento do filho.

Pode parecer desnecessário, mas comparecer às reuniões que a equipe de Reabilitação convoca com os pais, conversar com a criança, mesmo que ela aparentemente não entenda, levá-la a passear sempre que possível, fazem muita diferença.

4. Uma criança é sempre uma personalidade completa.

Se for encarada como incapaz, assumirá tal papel.

Deve ser tratada como criança que é, apesar de seus problemas.

Evitem assinalar aspectos anormais ou negativos, e concentrem-se mais nas habilidades e qualidades positivas que ela apresenta.

5. É importante conversar com a criança, procurar ensinar-lhe os nomes das coisas, estimulá-la a se expressar por meio de gestos, sons, palavras.

Ajudá-la a vencer a barreira que a limitação cria entre ela e seus pais, entre ela e o mundo.

6. Deve-se ter paciência para que se adaptem às exigências.

As crianças excepcionais são espertas, logo percebem quando os outros não têm paciência e fazem as coisas por elas.

Sempre são mais capazes do que aparentam.

Se fizermos todas as coisas pela criança, ela nunca vai aprender, não vai adquirir identidade própria, porque se tornará indiferente.

7. Quando uma criança com Paralisia Cerebral é adequadamente estimulada, além de tratada com o amor que merece, seu Q.I. (coeficiente intelectual) muda, sua inteligência desenvolve-se mais, às vezes de maneira surpreendente, pois encontra terreno favorável para se expandir.

8. Essas crianças precisam de contato físico e vida social, como todas.

O comportamento social é muito simples de ser aprendido, quase não depende de inteligência, e é mais importante do que o desempenho intelectual.

9. A criança, quando normal, tem a sua idade mental mais ou menos equivalente à sua idade em anos, e o valor de seu Q.I. gira em torno de 100.

Não é um valor fixo, podendo variar de acordo com os estímulos recebidos e com o nível de integração da criança com o seu ambiente.

10. O Q.I. é uma maneira prática de expressar se uma criança está adiantada ou atrasada em seu desenvolvimento.

De maneira geral, quando o Q.I. está acima de 100, está adiantada.

Abaixo de 100, atrasada.

Se uma criança, por exemplo, tiver idade mental de 3 anos e idade cronológica de 4 anos, estará atrasada e o seu Q.I. será igual a: $(3 \div 4) \times 100 = 75$.

Fonoaudiologia em Paralisia Cerebral

A linguagem é a maneira pela qual as pessoas se comunicam.

A voz, a fala, os gestos, por exemplo, são alguns dos componentes da linguagem.

A Fonoaudiologia estuda a linguagem humana.

Atua na pesquisa, prevenção e terapêutica.

Exerce importante papel na área da comunicação oral e escrita, na audição, fala e voz.

O Fonoaudiólogo tentará ajudar a criança nos itens relacionados à alimentação e desenvolvimento do sistema motor orofacial (musculatura da face).

Cuidará sobretudo de aspectos relacionados à **comunicação**.

O desenvolvimento da comunicação realiza-se através do lento aprendizado (que se prolonga por anos) de como expressar os pensamentos, sentimentos, emoções e intenções para os outros e de entender o que os outros expressam.

Compreender e explicar são condições básicas para a comunicação.

É um processo delicado e complexo que envolve o intelecto, a visão, a fala, a audição, mecanismos afetivo/emocionais e diversos outros fatores, para que se realize satisfatoriamente.

O tratamento fonoaudiológico ajudará muito a criança na alimentação, ensinando-a a sugar, a mastigar e a engolir.

O principal objetivo da Fonoaudiologia na Paralisia Cerebral será sempre diminuir o isolamento da criança, de integrá-la ao seu meio social, por meio do desenvolvimento das possibilidades que tenha para se comunicar.

Algumas Orientações Gerais em Fonoaudiologia

A orientação ideal é a fornecida pelo profissional que esteja em contato constante com a criança, mas alguns itens podem ser ressaltados.

1. Pelo fato de muitas crianças com Paralisia Cerebral terem dificuldade motora para falar, não se deve pensar que elas não entendem, porque assim acaba-se limitando mais ainda o seu desenvolvimento e participação no convívio com os outros.

2. A cooperação dos pais é fundamental.
É importante conversar bastante com a criança, de frente, próximo, com o rosto bem visível, para que ela conheça as expressões faciais, os movimentos da boca, e possa imitar.
Quando a criança não corresponde depois de um período de tentativas, talvez haja problemas de audição.

Procure fazer com que ela se manifeste porque, se todos à sua volta ficarem sempre adivinhando os seus desejos, a criança não sentirá necessidade de se esforçar.

3. A criança com espasticidade, que mantém a boca aberta e língua para fora, terá dificuldade para alimentar-se e falar.
Um bom controle da região orofacial é fundamental para melhorar essa situação.
Existem orientações fáceis de seguir que a Fonoaudióloga pode fornecer, que ajudarão.

4. O fato de crianças com Paralisia Cerebral terem mastigação deficiente, acrescida pelo fato de ingerirem muitos remédios, pode fazer aparecer na boca destas crianças férteis focos de infecção provocando, além de cáries que as fazem sofrer muito, doenças que se disseminam pelo corpo.

5. A higiene bucal é importante, e a escova de dentes elétrica muitas vezes ajuda, massageando as gengivas e tornando-as saudáveis.
Mas desde pequenas é conveniente que essas crianças sejam acompanhadas por um dentista, para que sejam evitados transtornos futuros.

Terapia Ocupacional na Paralisia Cerebral

O Terapeuta Ocupacional irá procurar melhorar o uso das mãos, a amplitude dos movimentos do tronco e dos membros superiores.

Cuidará primordialmente de realizar manobras de estimulação sensório-perceptiva, coordenação motora dos membros superiores e AVDs (atividades da vida diária), tais como ensinar a criança a alimentar-se, vestir-se e cuidar da higiene corporal por conta própria.

Sua preocupação central sempre será desenvolver na criança ao máximo um sentido de **independência**.

Por meio das técnicas utilizadas em Terapia Ocupacional, tenta-se desenvolver, dentro do possível, a coordenação bimanual (movimentos delicados realizados pelas mãos), e a visomotora (olhos-mãos).

O controle das funções manuais é uma das tarefas mais complexas exercidas pelo nosso cérebro.

A mão é capaz de uma grande variedade de movimentos que, combinados, lhe conferem eficiência e precisão.

Alcançar e agarrar, carregar e soltar compõem o mecanismo de preensão responsável por grande parte da funcionalidade das mãos.

Elas possibilitam ao ser humano uma infinidade de manifestações no exercício de sua inteligência.

No trabalho com Paralisia Cerebral, o objetivo principal da Terapia Ocupacional é que as crianças tornem-se capazes de cuidar de si próprias.

Isso pode ser conseguido, na medida das possibilidades de cada uma, através do domínio das chamadas AVDs (atividades da vida diária) que são, principalmente, a higiene oral, banho, controle esfincteriano, vestuário, alimentação e comunicação.

O objetivo maior da Terapia Ocupacional é proporcionar à criança o maior grau de independência possível.

Algumas Orientações Gerais em Terapia Ocupacional

Nos próximos parágrafos o leitor poderá ter uma noção sobre o tipo de orientações que podem ser solicitadas ao Terapeuta Ocupacional.

1. A brincadeira é a melhor forma de aprendizado que a natureza inventou.

É brincando que as crianças aprendem mais, e as crianças com Paralisia Cerebral não são exceção.

Deve ser uma constante, principalmente na vida de crianças muito comprometidas.

2. Se você acha que seu filho é difícil de treinar nas AVDs (atividades da vida diária), concordo, mesmo sem conhecê-lo, porque é um aprendizado lento mesmo em crianças normais.

Não adianta querer treinar vestuário, controle esfincteriano, banho, etc., antes do necessário amadurecimento do sistema nervoso, porque só vai gerar frustrações na criança, e atrasar mais ainda o seu processo.

Por isso é conveniente, neste assunto, a orientação passo a passo do Terapeuta Ocupacional.

3. A hora do banho é um momento feliz para a criança, que se movimentará e executará certas atividades mais facilmente dentro da água. Pode ser aproveitada como valioso elemento terapêutico e, sempre que possível, deve ser prolongada.

4. Todos os que lidam em casa com seu filho devem estar orientados, de preferência diretamente pela equipe de Reabilitação, sobre o que podem ou não podem, sobre o que devem ou não devem fazer com ele, para que não haja prejuízos ou retrocessos no seu desenvolvimento.

5. Solicite sempre à criança que coopere na realização de tarefas e atividades.

Não a trate como um boneco, para que ela não adquira o costume de fazer como se realmente o fosse.

Fique incansavelmente a par das técnicas que o Terapeuta Ocupacional utiliza para o desenvolvimento de capacidades na criança; valerá a pena.

Conclusão

Com tratamento adequado e com o devido apoio emocional por parte dos pais, pode-se evoluir muito no tratamento e na recuperação da criança com Paralisia Cerebral.

É impossível dizer até onde exatamente uma criança assim comprometida pode ser capaz de evoluir, porque não se pode com exatidão saber de suas potencialidades, percepções, sentimentos e pensamentos.

Pode-se porém afirmar com certeza que, passada a confusão inicial é, no mínimo, possível integrar agradavelmente crianças portadoras de qualquer quadro ao nosso cotidiano, torná-la feliz e sermos felizes com ela.

Isso é bastante possível.

O muito que hoje se sabe é quase nada perto do que há por saber ainda.

A ciência anda a passos largos e a cada dia mais um grão é somado ao conhecimento, novas descobertas são feitas e novas perspectivas se abrem no horizonte da vida.

Aquilo no qual se acreditava ainda ontem vai tornando-se obsoleto rapidamente.

Para encerrar, gostaria de aqui deixar expressa minha admiração, respeito e solidariedade àquelas mães de fibra que valentemente lutam por seu filho; que sem alimentar ilusões quixotescas não desanimam nunca e sabem que neste mundo de tantas novidades surpreendentes, onde o amanhã é sempre um grande mistério, mesmo quando assim não parecem ser, esperanças são sempre verdadeiras.

"Não há limites, Fernão?, pensou e sorriu. A sua corrida para a aprendizagem acabava de começar."

* Richard Bach. *A História de Fernão Capelo Gaivota*, Ed. Nórdica.

CURA ENERGÉTICA
Cura Prânica e por Visualização

Silvio Camargo

CURA PRÂNICA

A cura prânica é feita com as mãos, sem se tocar a pessoa. É uma técnica rápida e poderosa que atua, basicamente, através da remoção do prana ou ki (energia vital) onde houver excesso, e de energização onde houver falta. Isto, por si só, cura e promove o restabelecimento do equilíbrio físico e/ou psicológico. É uma técnica simples, acessível, eficaz e fácil de ser empregada por qualquer pessoa, não havendo necessidade que esta tenha poderes paranormais, mediúnicos ou espirituais.

CURA POR VISUALIZAÇÃO

O uso de imagens na cura de distúrbios orgânicos perde-se no tempo. Se estou doente e, utilizando procedimentos corretos, mentalizo um estado de saúde, serei capaz de romper o círculo vicioso da doença. Muito interessante é que podemos mentalizar saúde não só para nós mesmos (autocura), mas também para o outro. É nisso que se baseiam as "cirurgias espirituais sem incisão". Através do uso de imagens, podemos retirar "formas de pensamento" negativas, que mantêm uma pessoa doente, e introduzir "formas de pensamento" positivas, que lhe darão forças para lutar.

* * *

Sobre o autor: *Fisioterapeuta formado pela Universidade de São Paulo, Silvio Camargo é, há anos, um estudioso das práticas de cura energética, sendo hoje um dos maiores conhecedores desse assunto entre nós.*

EDITORA PENSAMENTO

CURANDO COM AMOR
Um Programa Médico Inovador para a Cura do Corpo e da Mente

Leonard Laskow, M.D.

Curando com Amor é um livro que contém informações e orientação para um programa que seu autor chama de *cura holoenergética*. Esse programa visa demonstrar como juntar o poder integral do nosso ser — mãos, coração e consciência superior — para curar a nós mesmos e aos outros. Aqui se encontram técnicas eficazes e fáceis de serem aprendidas e que já transformaram muitas vidas por todo o mundo.

* * *

"Sem medo de engajar sua capacidade de analista e de paranormal no sentido de ajudar seus pacientes, o dr. Laskow escreve um livro bem documentado e que oferece técnicas não-agressivas que conscientemente recorrem ao poder de cura do amor. Recomendo este livro para todos os profissionais da área da saúde e ao público em geral."

Dolores Krieger, autora de *Therapeutic Touch: How to Use Your Hands to Heal*

"Uma nova medicina está surgindo, uma forma de cura que enfatiza o poder da consciência humana. Pelo fato de uma ciência legítima estar por trás desse desenvolvimento, ela não desaparecerá, mas exigirá toda a nossa atenção. O dr. Laskow é "um médico de verdade", um dos arquitetos dessa nova medicina baseada no poder da mente. Neste livro, ele descreve o poder de cura do amor, do sentido de unidade e de totalidade. Se você ainda acha que esses conceitos são apenas uma meia-ciência ou uma moda passageira, este livro mudará o seu modo de pensar. Trata-se, sem dúvida, de uma contribuição de grande importância."

Larry Dossey, autor de *Reencontro com a Alma — Uma Investigação Científica e Espiritual*, **Editora Cultrix**

Leonard Laskow, M.D., estudou na Escola de Medicina da Universidade de Nova York e no Centro Médico de Stanford. É membro do American College of Obstetrics and Gynecology e vem organizando seminários sobre cura e autocura por todo o mundo.

EDITORA CULTRIX

Outras obras de interesse:

CURA ENERGÉTICA - O poder
sutil e curador das mãos
Silvio Camargo

VENCENDO A OSTEOPOROSE
Harris H. McIlwain e outros

VENCENDO A DOR NAS
COSTAS
Harris H. McIlwain e outros

BENEFÍCIOS TERAPÊUTICOS
DA ACUPRESSURA -
Acupuntura sem agulhas
F. M. Houston

ACUPUNTURA CLÁSSICA
CHINESA
Tom Sintan Wen

ACUPUNTURA SEM AGULHAS
Dr. Keith Kenyon

CHAKRAS, RAIOS E
RADIÔNICA
David V. Tansley

CH'I - Energia Vital
Michael Page

A CIÊNCIA DA CURA
PSÍQUICA
Yogue Ramacháraca

CURAS PELA QUÍMICA
OCULTA - Realidades
suprafísicas na Medicina
*Dr. José Maria Campos
(Clemente)*

A ENERGIA ESPIRITUAL E
SEU PODER DE CURA
Dudley Blades

EXERCÍCIOS CHINESES PARA
A SAÚDE
Dr. Cho Ta Hung

EXORCISMO - A cura da
possessão espiritual a distância
Eugene Maurey

A FORÇA CURATIVA DA
RESPIRAÇÃO
Marietta Till

A FORÇA DO CHAKRA DO
CORAÇÃO
*Paula Horan e Brigitte
Ziegler*

A DOENÇA COMO CAMINHO
*Thorwald Dethlefsen e
Rüdiger Dahlke*

CURANDO COM AMOR - Um
programa médico inovador para
a cura do corpo e da mente
Leonard Laskow

Peça catálogo gratuito à
EDITORA PENSAMENTO
Rua Dr. Mário Vicente, 374 - Fone: 272-1399
04270-000 - São Paulo, SP